Impressum
Verlag: BABADADA GmbH, Nedderfeld 112 , 22529 Hamburg
Geschäftsführer / Verlagsleitung: Harald Hof
Druck: Books on Demand GmbH, In de Tarpen 42, 22848 Norderstedt

Imprint
Publisher: BABADADA GmbH, Nedderfeld 112 , 22529 Hamburg, Germany
Managing Director / Publishing direction: Harald Hof
Print: Books on Demand GmbH, In de Tarpen 42, 22848 Norderstedt

школа

escola

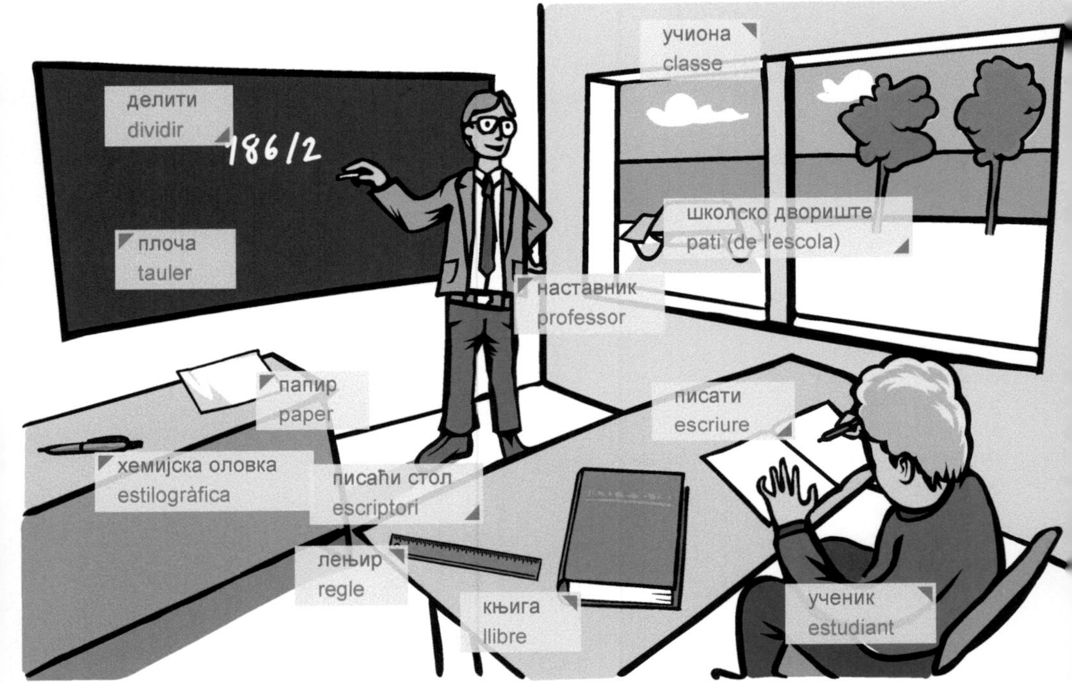

учиона
classe
делити
dividir
186/2
плоча
tauler
школско двориште
pati (de l'escola)
наставник
professor
папир
paper
писати
escriure
хемијска оловка
estilogràfica
писаћи сто
escriptori
лењир
regle
књига
llibre
ученик
estudiant

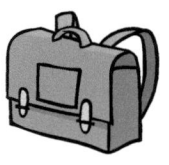

торба

bossa

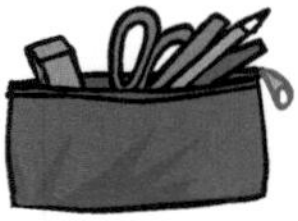

перница

estoig

графитна оловка

llapis

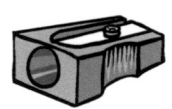

шиљило за оловке

maquineta de fer punta

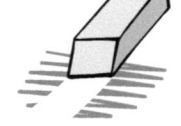

гумица за брисање

goma

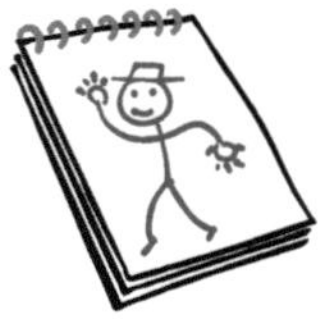

блок за цртање

bloc de dibuix

цртеж

dibuix

кист

pinzell

кутија са бојама

capsa de pintures

маказе

tisores

лепило

cola

бележница

quadern d'exercicis

домаћи задатак

deures

број

nombre

сабирати

afegir

одузимати

sostreure

множити

multiplicar

рачунати

calcular

слово

lletra

абецеда

alfabet

реч

mot

текст
text

читати
llegir

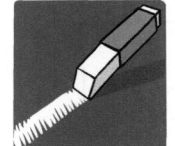

креда
guix

час
lliçó

дневник
llibre de classe

испит
examen

сведочанство
certificat

школска униформа
uniforme escolar

образовање
formació

лексикон
enciclopèdia

универзитет
universitat

микроскоп
microscopi

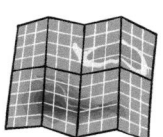

карта
mapa

кошара за папир
paperera

хотел
hotel

Grand

преноћиште
alberg

ROOMS

мењачница
oficina de canvi

ECHANGE

кофер
maleta

ауто
automòbil

језик

llengua

да / не

sí / no

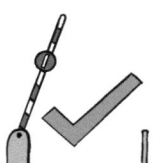

океј

D'acord

здраво

Ey!

преводилац

traductora

хвала

gràcies

Колико кошта…?

Quant costa… ?

не разумем

No entenc

проблем

problema

добро вече!

Bona nit!

Добро јутро!

bon dia!

Лаку ноћ!

bona nit!

довиђења

fins aviat

смер

direcció

пртљага

bagatge

торба

bossa

руксак

sarrona

гост

convidat

соба

cambra

вреħа за спавање

sac de dormir

шатор

tenda

туристичке информације

oficina de turisme

плажа

platja

кредитна картица

carta de crèdit

доручак

esmorzar

ручак

dinar

вечера

sopar

карта за вожњу

bitllet

лифт

ascensor

поштанска маркица

segell

граница

frontera

царина

duana

амбасада

ambaixada

виза

visat

пасош

passaport

транспорт
transport

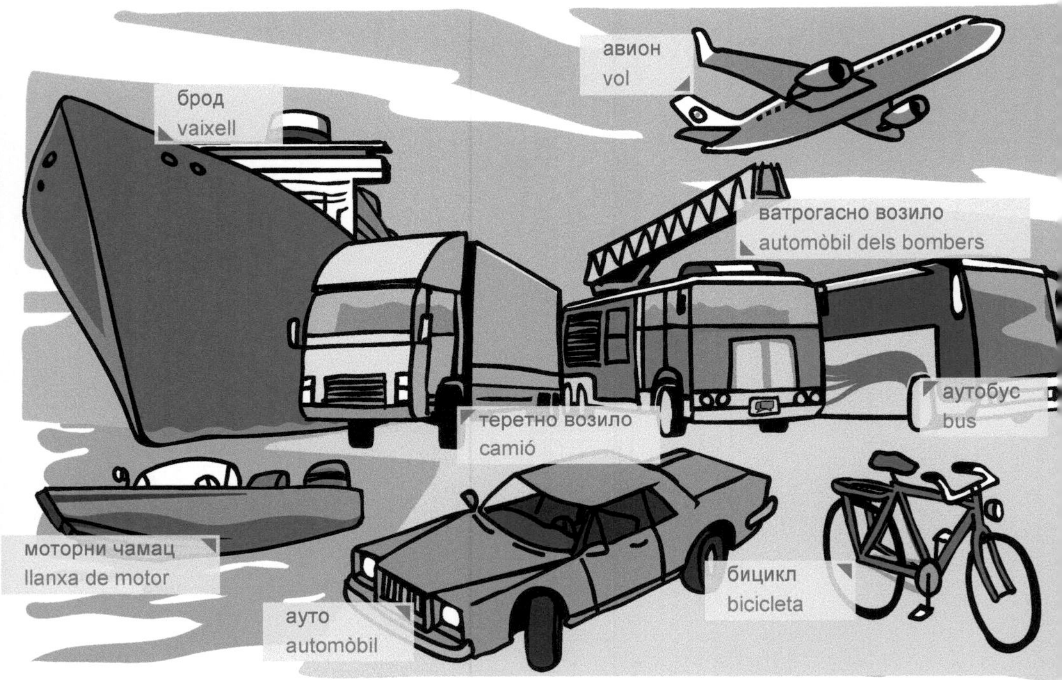

авион
vol

брод
vaixell

ватрогасно возило
automòbil dels bombers

аутобус
bus

теретно возило
camió

моторни чамац
llanxa de motor

бицикл
bicicleta

ауто
automòbil

трајект

transbordador

чамац

barca

мотоцикл

moto

полицијски ауто

automòbil de policia

тркаћи ауто

automòbil de curses

изнајмљено ауто

automòbil de lloguer

дељење аутомобила

vehicle compartit

вучно возило

grua

возило за одвоз смећа

camió de les escombraries

мотор

motor

бензин

benzina

бензинска станица

benzineria

саобраћајни знак

senyal de trànsit

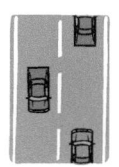

саобраћај

trànsit

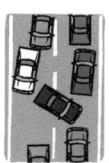

застој

embús

паркиралиште

aparcament

железничка станица

estació de trens

шине

vies

воз

tren

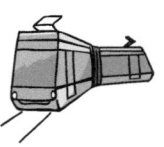

трамвај

tramvia

вагон

vagó

хеликоптер

helicòpter

аеродром

aeroport

кула

torre

путник

passatger

контејнер

contenidor

картон

capsa de cartó

колица

carretó

корпа

cistella

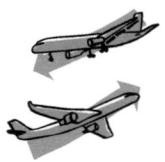

узлетети / слетети

enlairar-se / aterrar

град

ciutat

село

poble

центар града

centre de la ciutat

кућа

casa

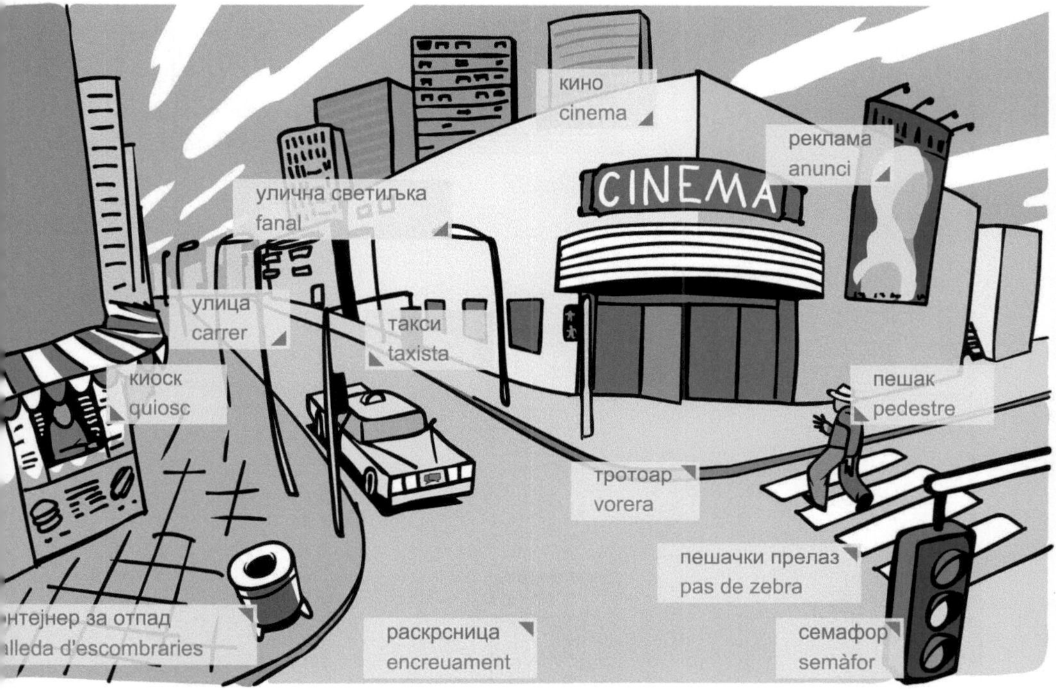

кино
cinema

реклама
anunci

улична светиљка
fanal

улица
carrer

такси
taxista

пешак
pedestre

киоск
quiosc

тротоар
vorera

пешачки прелаз
pas de zebra

нтејнер за отпад
lleda d'escombraries

раскрсница
encreuament

семафор
semàfor

CINEMA

колиба

cabana

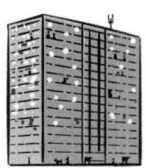

стан

apartament

железничка станица

estació de trens

веħница

casa de la vila-ciutat

музеј

museu

школа

escola

универзитет

universitat

банка

banca

болница

hospital

хотел

hotel

апотека

farmàcia

канцеларија

oficina

књижара

llibreria

продавница

botiga

цвећара

floristeria

супермаркет

supermercat

трг

mercat

робна кућа

gran magatzem

рибарница

peixateria

трговачки центар

centre comercial

лука

port

парк

parc

клупа

banc

мост

pont

степенице

escala

подземна железница

metro

тунел

túnel

аутобуска станица

parada d'autobús

бар

bar

ресторан

restaurant

поштанско сандуче

bústia de correu

улични знак

senyal indicador

паркирни аутомат

parquímetre

зоолошки врт

zoo

базен

piscina

џамија

mesquita

сеоско газдинство

granja

загађење околине

pol·lució

гробље

cementiri

црква

església

игралиште

parc infantil

храм

temple

пејсаж

paisatge

лист
fulla

путоказ
cartell indicador

пут
camí

ливада
prat

камен
pedra

шетач
excursionista

река
riu

дрво
arbre

трава
gespa

цвет
flor

долина

vall

планина

muntanya

језеро

llac

шума

bosc

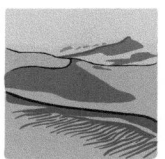

пустиња

desert

вулкан

volcà

дворац

castell

дуга

arc de Sant Martí

гљива

bolet

палма

palmera

москито

moscard

мува

mosca

мрав

formiga

пчела

abella

паук

aranya

пејсаж - paisatge

буба

escarabat

жаба

granota

веверица

esquirol

јеж

eriçó

зец

llebre

сова

òliba

птица

ocell

лабуд

cigne

дивља свиња

senglar

јелен

cervo

лос

ant

насип

presa

ветрењача

turbina

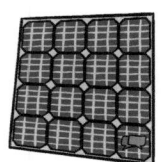

соларна плоча

panell solar

клима

clima

ресторан
restaurant

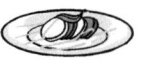

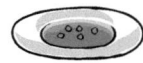

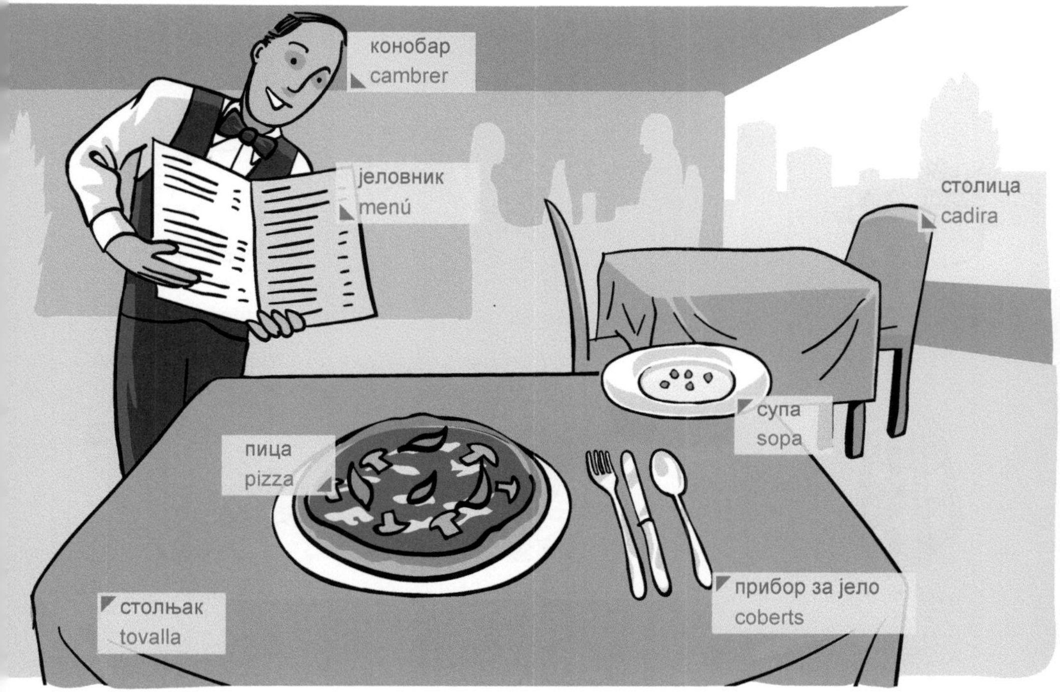

конобар
cambrer
јеловник
menú
столица
cadira
супа
sopa
пица
pizza
прибор за јело
coberts
стољњак
tovalla

предјело

primer plat

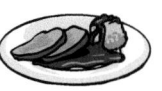

главно јело

plat principal

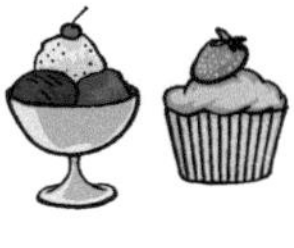

десерт

darreries

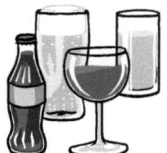

напитци

begudes

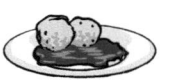

јело

menjar

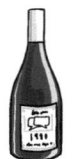

флаша

ampolla

брза храна

menjar ràpid

имбис храна

menjar de carrer

чајник

tetera

доза за шећер

sucrer

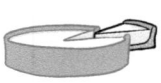

порција

porció

апарат за еспресо

màquina d'espresso

висока столица

trona

рачун

factura

послужавник

plata

нож

ganivet

виљушка

forqueta

кашика

cullera

чајна кашика

culrereta

салвета

tovalló

чаша

got

ресторан - restaurant

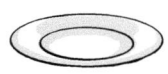

тањир

plat

тањир за супу

plat de sopa

тањирић

plateret

сос

salsa

сољенка

saler

млин за бибер

molinet de pebre

сирће

vinagre

уље

oli

зачини

espècies

кечап

quètxup

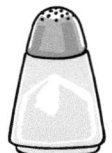

сенф

mostassa

мајонеза

maionesa

супермаркет

supermercat

понуда
oferta especial
FOR
купац
client
млечни производи
productes lactis
воће
fruites
колица за куповину
carret de la compra

BUTCHERS

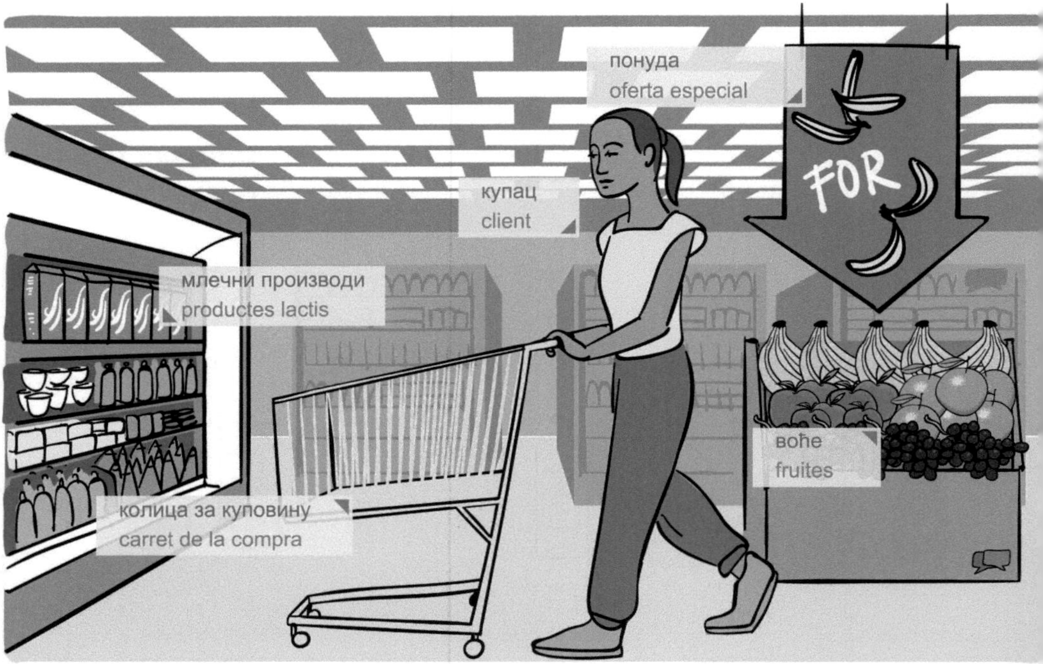

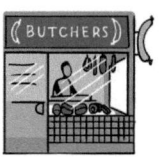

месница

carnisseria

BAKERY

пекара

forn de pa

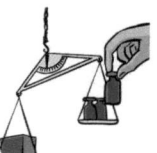

вагати

pesar

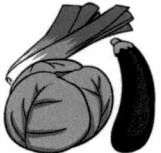

поврће

verdures

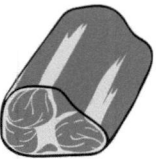

месо

carn

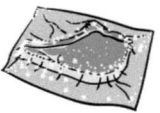

смрзнута храна

menjar congelat

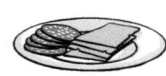

нарезак

carn freda

конзерве

conserves

средство за прање

detergent en pols

слаткиши

dolços

артикли за домаћинство

articles domèstics

средства за чишћење

productes de neteja

продавачица

venedora

благајна

caixa registradora

благајник

caixera

листа за куповину

llista de la compra

време рада

horari d'obertura

новчаник

portamonedes

кредитна картица

carta de crèdit

торба

bossa

пластична кеса

bossa de plàstic

вода

aigua

сок

suc

млеко

llet

кола

coca-cola

вино

vi

пиво

cervesa

алкохол

alcohol

какао

cacau

чај

te

кава

cafè

еспресо

espresso

капучино

cappuccino

банана

banana

jабука

poma

наранџа

taronja

лубеница

síndria

лимун

llimona

шаргарепа

pastanaga

бели лук

all

бамбус

bambú

лук

ceba

гљива

bolet

орашасти плодови

avellanes

резанци

fideus

шпагете

espaguetis

рижа

arròs

салата

amanida

помфрит

patates fregides

печени крумпир

patates fregides

пица

pizza

хамбургер

hamburguesa

сендвич

entrepà

шницла

escalopa

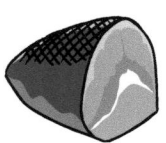

шунка

cuixot

салама

salami

кобасица

salsitxa

кокош

pollastre

печење

rostit

риба

peix

зобене пахуљице

flocs de civada

мусли

musli

кукурузне пахуљице

cereals

брашно

farina

кроасан

croissant

пециво

panet

хлеб

pa

тоаст

torrada

кекси

bescuits

маслац

mantega

свежи сир

mató

колач

pastís

jaje

ou

jaje на око

ou fregit

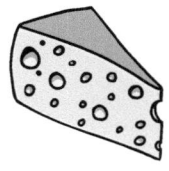

сир

formatge

сладолед

gelat

шећер

sucre

мед

mel

мармелада

melmelada

нугат крема

crema de xocolata

кари

curri

јело - menjar

сеоско газдинство

granja

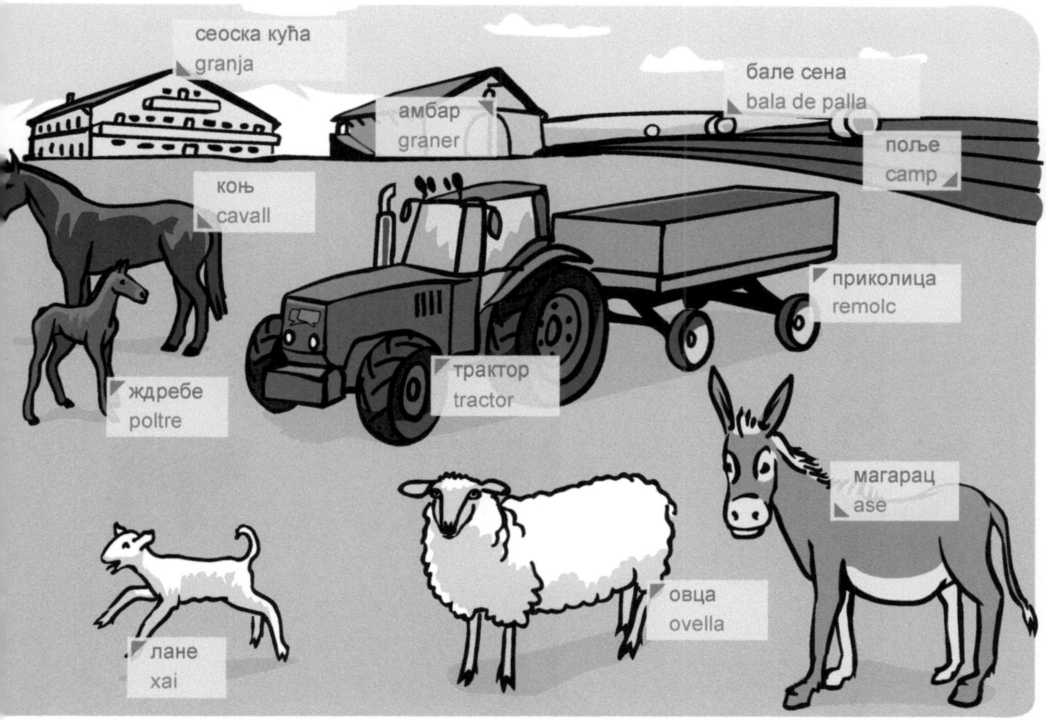
сеоска кућа
granja
амбар
graner
бале сена
bala de palla
поље
camp
коњ
cavall
приколица
remolc
трактор
tractor
ждребе
poltre
магарац
ase
овца
ovella
лане
xai

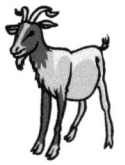

коза

cabra

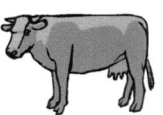

крава

vaca

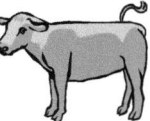

теле

vedella

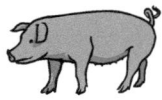

свиња

porc

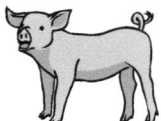

прасе

garrí

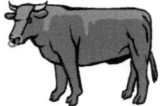

бик

bou

гуска

оса

патка

ànec

пилићи

poll

кокош

gall

петао

gallina

пацов

rata

мачка

gat

миш

ratolí

вол

bou

пас

gos

кућица за пса

gossera

вртно црево

mànega de regar

канта за поливање

regadora

коса

dalla

плуг

arada

срп

falç

мотика

aixada

виљушка за ђубриво

forca

секира

destral

тачке

carretó

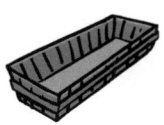

корито

abeurador

посуда за млеко

lletera

врећа

sac

ограда

tanca

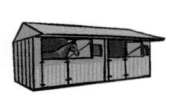

штала

establa

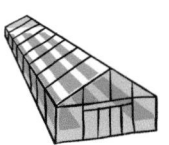

стakленик

hivernacle

земља

sòl

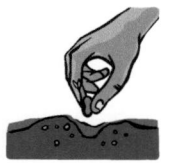

семе

llavor

ђубриво

adob

комбајн

collidora

жети

collir

жетва

collita

јамс зачин

nyam

пшеница

blat

соја

soja

крумпир

patata

кукуруз

blat de moro o d'indi

уљана репица

colza

воћка

arbre fruiter

гомољ маниоке

mandioca

житарице

cereals

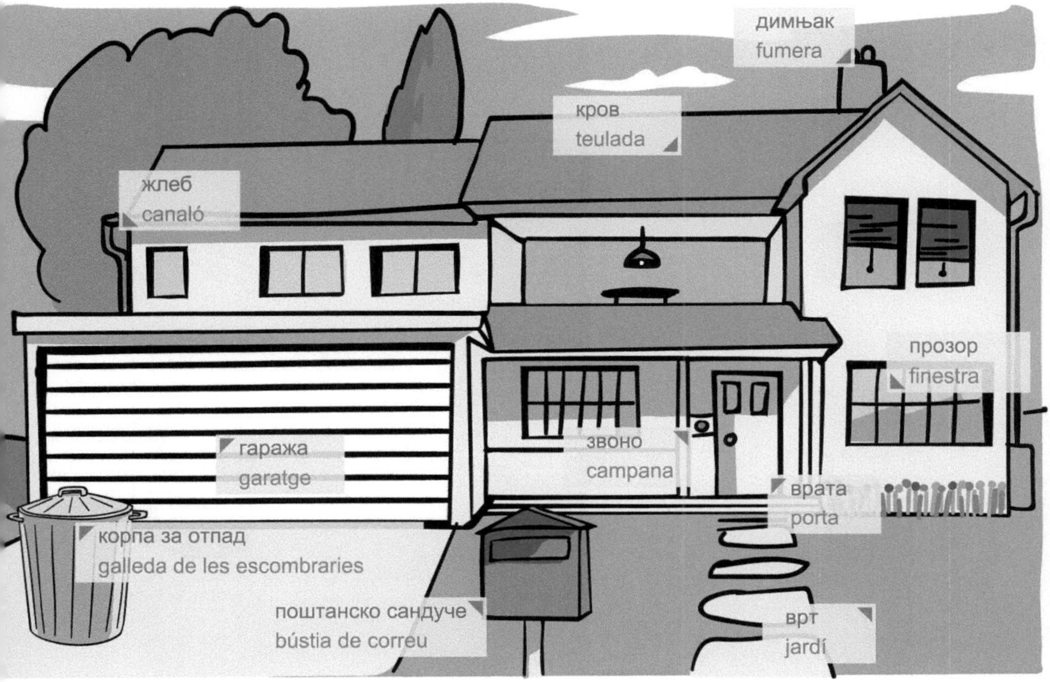

димњак
fumera

кров
teulada

жлеб
canaló

прозор
finestra

гаража
garatge

звоно
campana

врата
porta

корпа за отпад
galleda de les escombraries

поштанско сандуче
bústia de correu

врт
jardí

дневна соба

sala d'estar

купаоница

bany

кухиња

cuina

спаваћа соба

cambra de dormir

дечија соба

cambra de nen

трпезарија

menjador

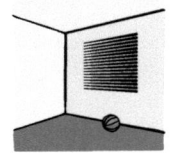

под
sòl

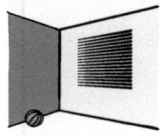

зид
paret

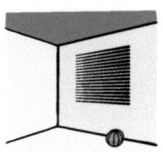

строп
sostre

подрум
soterrani

сауна
sauna

балкон
balcó

тераса
terrassa

базен
piscina

косилица за траву
tallagespa

постељина за кревет
vànova

дека за кревет
cobrellit

кревет
llit

метла
escombra

канта
galleda

прекидач
interruptor

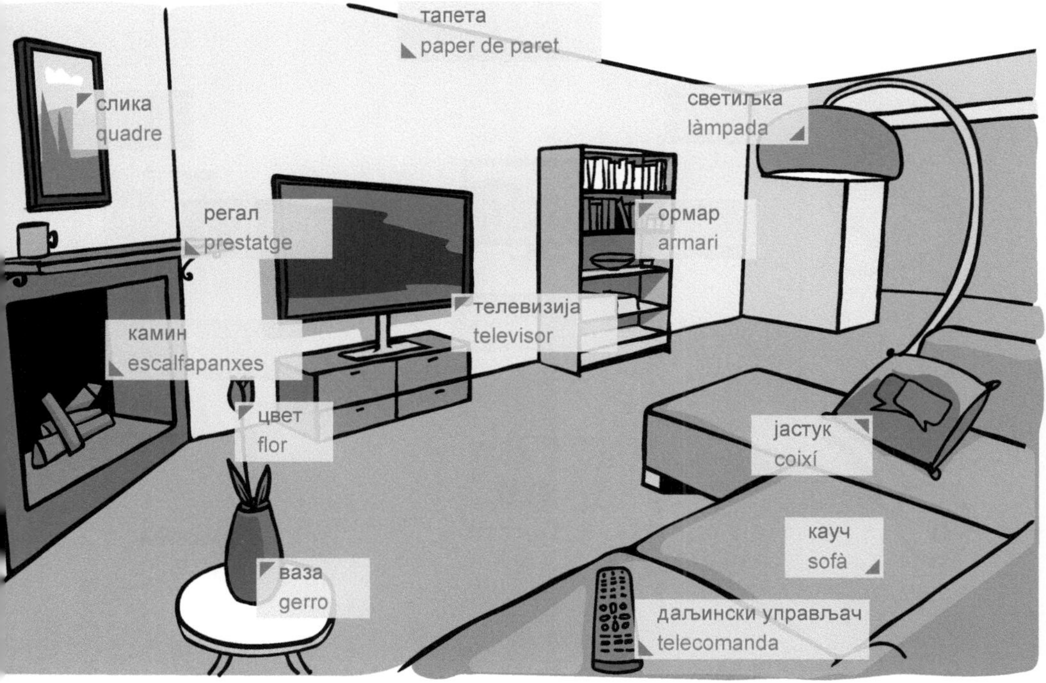

тапета
paper de paret

слика
quadre

светиљка
làmpada

регал
prestatge

ормар
armari

камин
escalfapanxes

телевизија
televisor

цвет
flor

јастук
coixí

кауч
sofà

ваза
gerro

даљински управљач
telecomanda

тепих

catifa

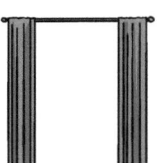

завеса

cortina

сто

taula

столица

cadira

столица за њихање

cadira gronxadora

фотеља

cadiral

књига

llibre

дека

llençol

декорација

decoració

дрво за огрев

llenya

филм

film

хи-фи уређај

cadena de música

кључ

clau

новине

diari

слика на платну

pintura

постер

cartell

радио

ràdio

блок за писање

bloc de notes

усисивач

aspiradora

кактус

cactus

свећа

candela

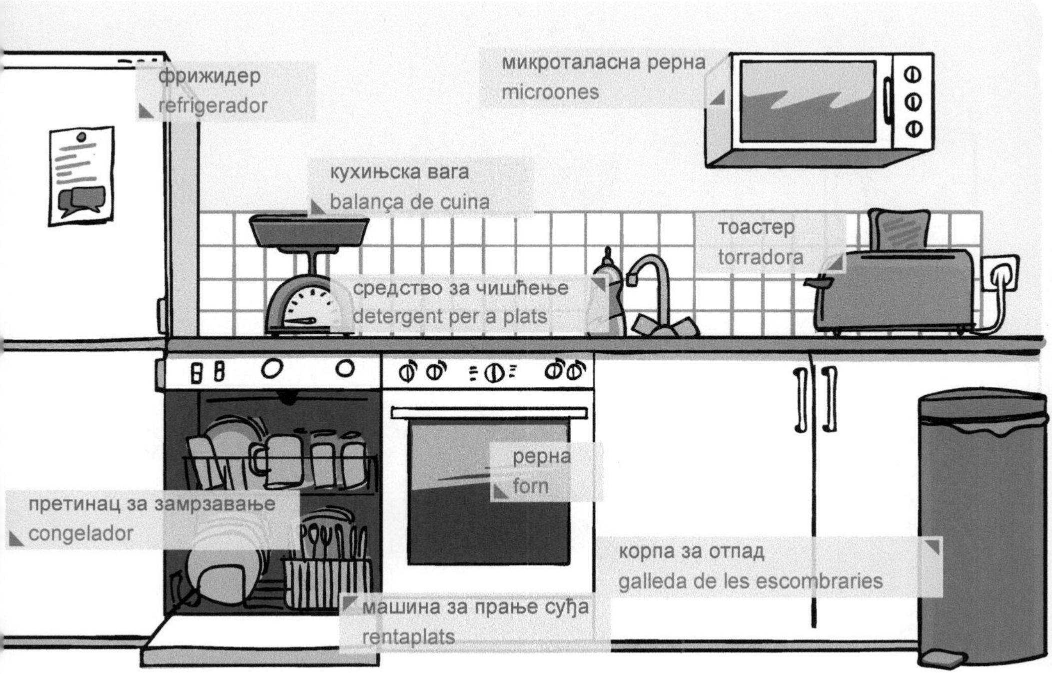

фрижидер
refrigerador

микроталасна рерна
microones

кухињска вага
balança de cuina

средство за чишћење
detergent per a plats

тоастер
torradora

претинац за замрзавање
congelador

рерна
forn

корпа за отпад
galleda de les escombraries

машина за прање суђа
rentaplats

шпорет

cuina de fogons

лонац

olla

гвоздени лонац

olla de ferro colat

вок / кадаи

wok / karahi

тава

paella

кувало за воду

bullidor

кувало на пару

olla de vapor

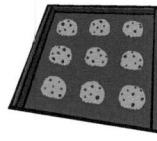

лим за печење

plata de forn

посуђе

vaixella

чаша

tassa grossa

посуда

bol

штапићи за јело

bastonets xinesos

кутлача

culler

лопатица

espàtula

пењача

batedor

сито за кување

colador

сито

sedàs

рибеж

ratllador

мужар

morter

роштиљ

barbacoa

огњиште

foc a terra

даска

taula de tallar

оклагија

corró

вадичеп

llevataps

конзерва

pot de conserva

отварач конзерви

obridor

крпа за лонац

agafador

судопер

aigüera

четка

raspall

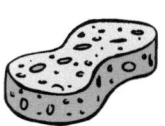

сунђер

esponja

миксер

batedora

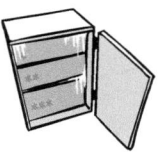

замрзивач

congelador

флашица за бебе

biberó

славина за воду

aixeta

купаоница

bany

туш
dutxa
грејање
calefacció
пешкир
tovallola
завеса за туш
cortina de dutxa
пенушава купка
bany de bombollles
када
banyera
чаша
got
машина за прање веша
rentadora
славина за воду
aixeta
плочице
rajoles
тута
orinal
судопер
aigüera

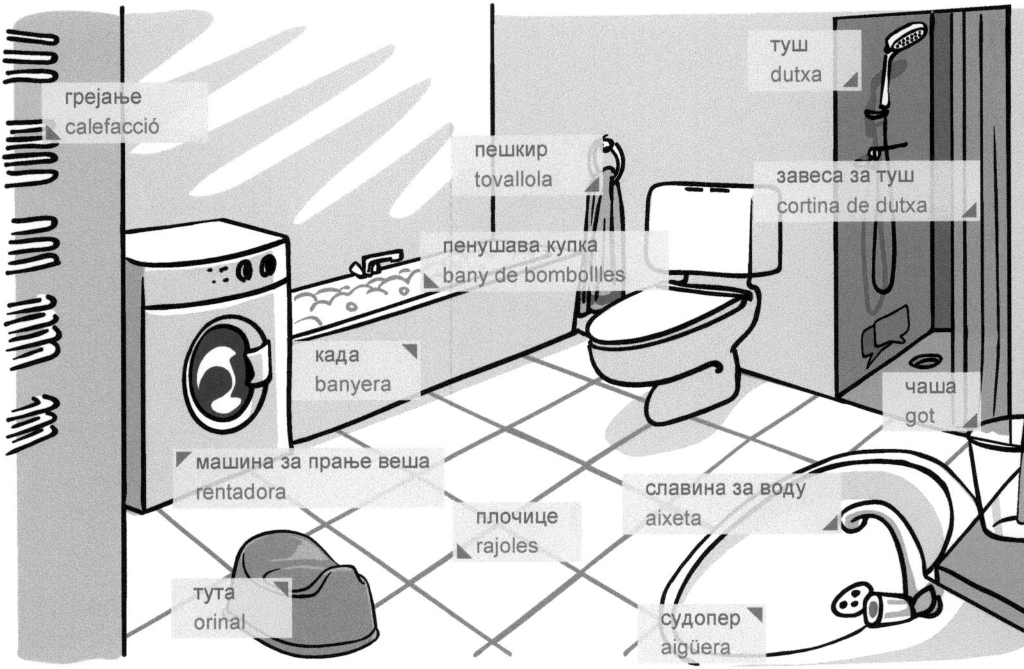

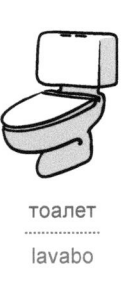

тоалет

lavabo

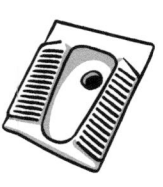

чучавац

lavabo turc

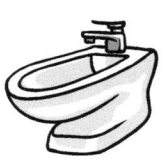

бидет

bidet

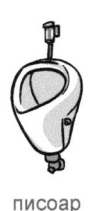

писоар

orinador

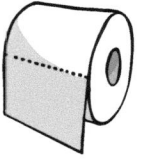

тоалетни папир

paper higiènic

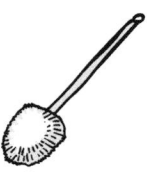

четка за тоалет

escombreta de sanitari

четкица за зубе

raspall de dents

паста за зубе

pasta de dents

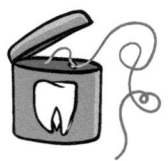

конац за зубе

fil dental

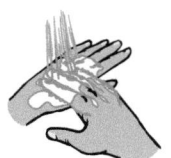

прати

rentar

туш ручица

pom de dutxa

туш за прање интимних делова

dutxa íntima

лавор

rentamans

четка за прање леђа

raspall per a l'esquena

сапун

sabó

гел за туширање

gel de dutxa

шампон

xampú

крпа за прање

manyopla de bany

одвод

bonera

крема

crema

дезодоранс

desodorant

огледало

mirall

козметичко огледало

mirall-espill de mà

бријач

maquineta de rasar

пена за бријање

espuma de barbejar

лосион за после бријања

loció post-rasada

чешаљ

pinta

четка

raspall

фен за косу

eixugador

спреј за косу

laca

шминка

maquillatge

руж за усне

pintallavis

лак за нокте

esmalt d'ungles

вата

cotó

маказе за нокте

tallaungles

парфем

perfum

козметичка торбица

estoig de bellesa

столица

tamboret

вага

bàscula

огртач

barnús

рукавице за чишћење

guants de goma

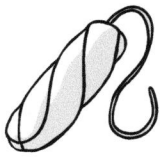

тампон

compresa higiènica

уложак

compresa

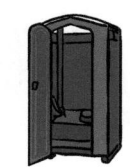

хемијски тоалет

sanitari químic

дечија соба
cambra de nen

будилник
despertador
плишана играчка
animal de peluix
ауто играчка
auto de joguina
звечка
sonall
кућица за лутке
casa de nines
поклон
present

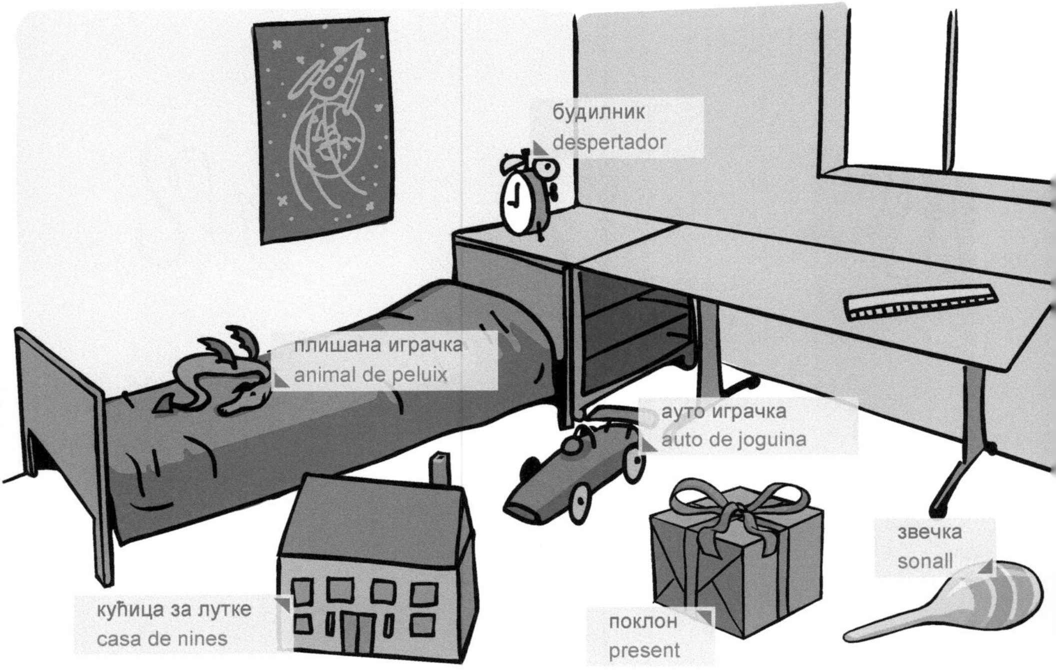

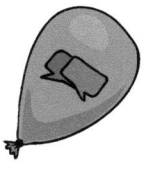

балон

baló

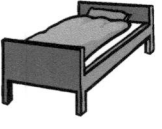

кревет

llit

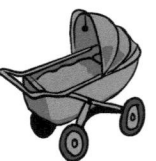

дјечија колица

cotxet per a nens

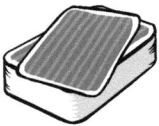

игра са картама

joc de cartes

слагалица

trencaclosca

SUPER
MEGA

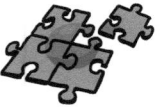

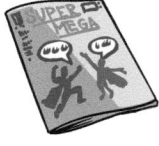

стрип

historieta

лего коцкице

peces de lego

коцкице за слагање

peces de construcció

акциони јунак

ninot d'acció

бенкица за бебе

granota

фризби

frisbee

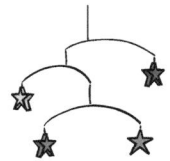

висеће играчке

mòbil per a bressol

друштвене игре

joc de taula

коцка

daus

минијатурна жељезница

tren elèctric

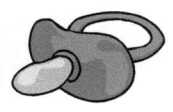

дуда

xumet

забава

festa

сликовница

llibre de dibuixos

лопта

pilota

лутка

nina

играти

jugar

дечија соба - cambra de nen

пешчаник

sorrera

љуљачка

gronxador

играчка

joguines

конзола за игре

consola de jocs de vídeo

трицикл

tricicle

теди

osset de peluix

ормар

armari

одећа

roba

кратке чарапе

mitjons

чарапе

mitges

хулахопке

mitja pantaló

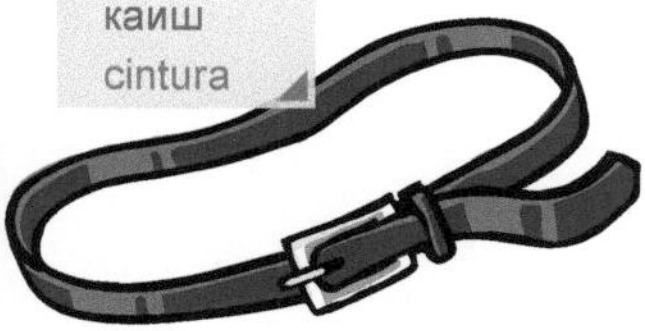

шал
tapacoll

кишобран
paraigua

каиш
cintura

мајица
camiseta

чизме
botes

папуче
plantofes

патике
sabates d'esport

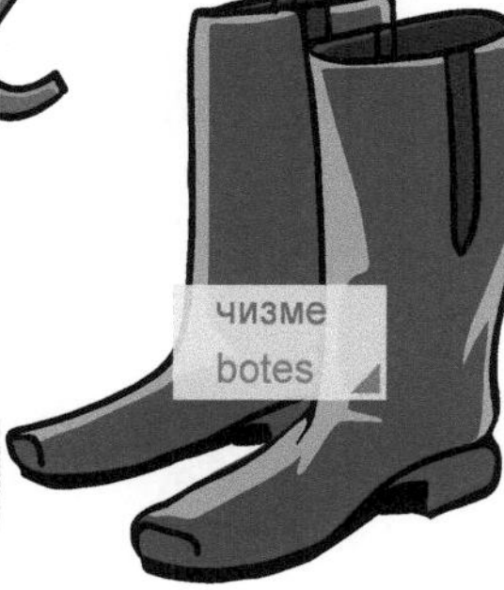

сандале
················
sandàlies

ципеле
················
sabates

гумене чизме
················
botes de goma

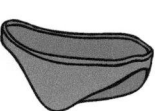

гаћице
················
calçonets

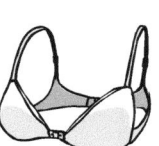

грудњак
················
sostenidor

поткошуља
················
guardapits

боди

jjustacòs

панталоне

pantalons

фармерке

jeans

сукња

faldeta

блуза

brusa

кошуља

camisa

џемпер

jersei

џемпер с капуљачом

dessuadora

сако

blazer

јакна

jaqueta

мантил

mantell

кабаница

impermeable

костим

vestit de dona

хаљина

vestit de dona

венчаница

vestit de núvia

одело

vestit d'home

спаваћица

camisa de dormir

пиџама

pijama

сари

sari

марама за главу

mocador de cap

турбан

turbant

бурка

burca

кафтан

caftan

абаја

abaia

купаћи костим

vestit de bany

купаће гаћице

calçon(et)s de bany

кратке панталоне

pantalons curts

одећа за тренинг

xandall

кецеља

davantal

рукавице

guants

дугме

botó

наочаре

ulleres

наруквица

braçalet

огрлица

collaret

прстен

anell

наушница

orellera

капа

casquet

вешалица

penjador

шешир

capell

кравата

corbata

патент затварач

cremallera

кацига

casc

нараменице

elàstics

школска униформа

uniforme escolar

униформа

uniforme

подбрадак

pitet

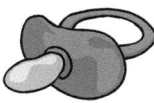

дуда

xumet

пелена

bolquer

канцеларија
oficina

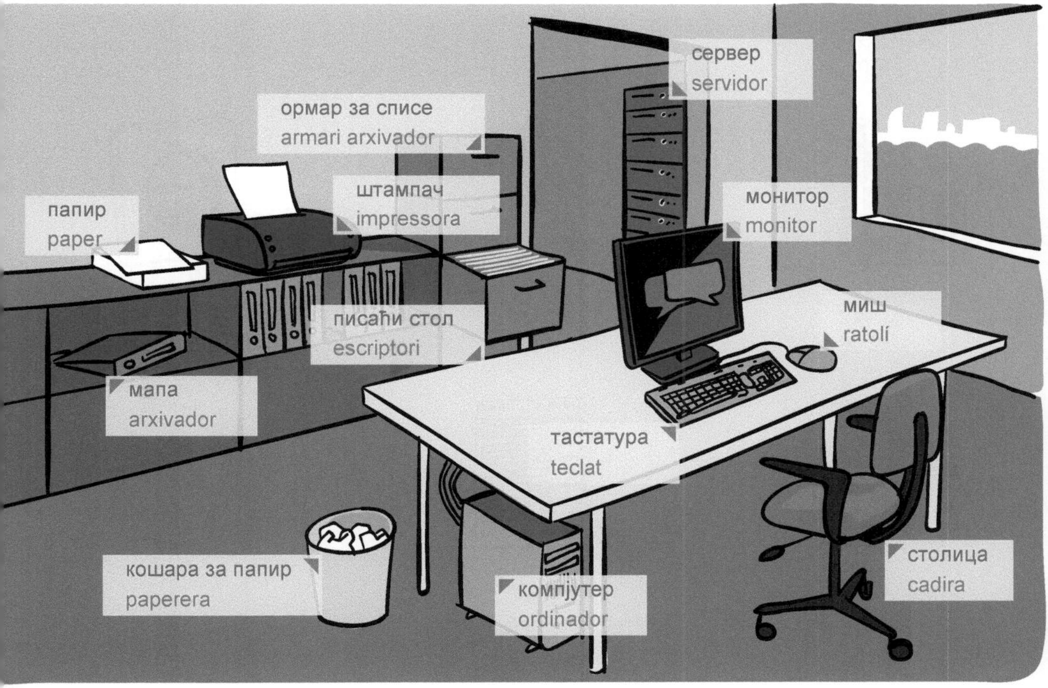

сервер
servidor

ормар за списе
armari arxivador

штампач
impressora

монитор
monitor

папир
paper

миш
ratolí

писаћи стол
escriptori

мапа
arxivador

тастатура
teclat

кошара за папир
paperera

столица
cadira

компјутер
ordinador

шалица за каву

tassa de cafè

калкулатор

calculadora

интернет

Internet

лаптоп

ordinador portàtil

писмо

lletra

порука

missatge

мобилни телефон

mòbil

мрежа

xarxa

уређај за копирање

fotocopiadora

софтвер

programari

телефон

telèfon

утичница

presa de corrent

факс

fax

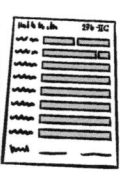

формулар

formulari

документ

document

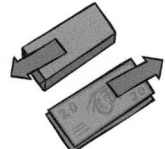

купувати
comprar

платити
pagar

трговати
comerciar

новац
diners

долар
dòlar

евро
euro

јен
ien

рубља
ruble

швајцарски франак
franc suís

ренминдби јуан
renminbi

рупија
rupia

аутомат за новац
caixa automàtica

мењачница

oficina de canvi

злато

or

сребро

argent

нафта

petroli

енергија

energia

цена

preu

уговор

contracte

порез

impost

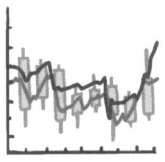

деонице

acció

радити

treballar

службеник

treballador

послодавац

empresari

фабрика

fàbrica

продавница

botiga

занимања

oficis

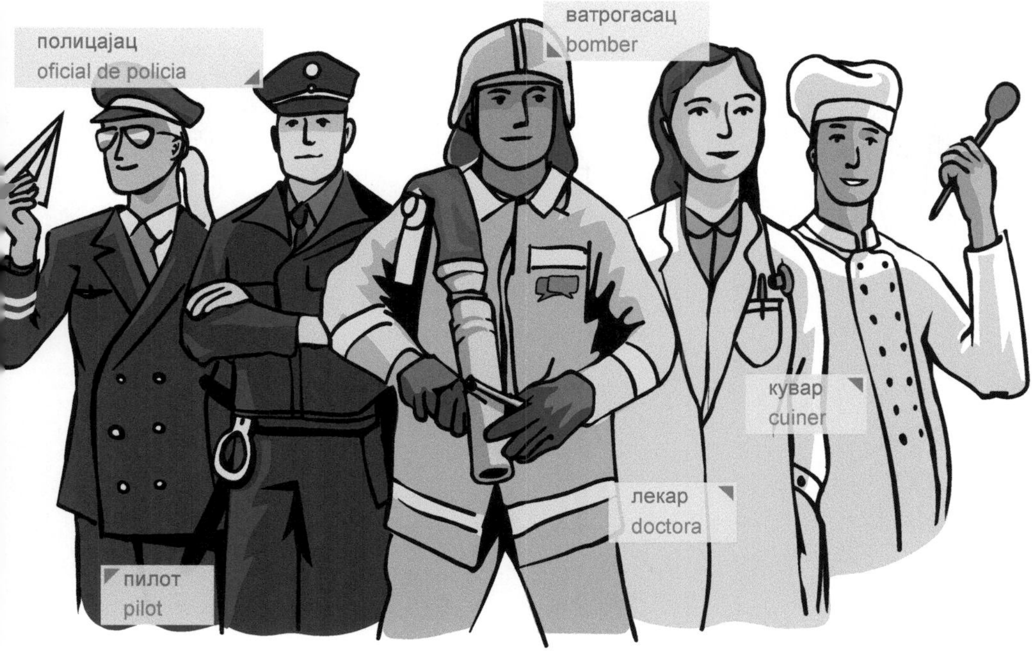
ватрогасац
bomber
полицајац
oficial de policia
кувар
cuiner
лекар
doctora
пилот
pilot

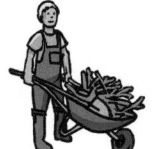

вртлар

jardiner

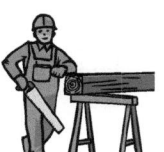

столар

fuster

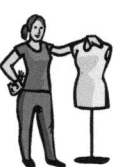

кројачица

costurera

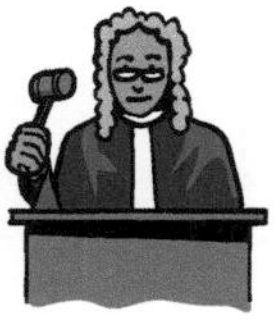

судија

jutge

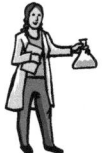

хемичар

química

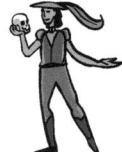

глумац

actor

возач аутобуса

conductor d'autobús

возач таксија

taxista

рибар

pescador

чистачица

dona de la neteja

кровопокривач

ensostrador

конобар

cambrer

ловац

caçador

сликар

pintor

пекар

forner

електричар

electricista

грађевински радник

obrer de la construcció

инжењер

enginyer

месар

carnisser

лимар

llanterner

поштар

correu

војник

soldat

архитекта

arquitecte

благајник

caixera

цвећар

florista

фризер

perruquer

кондуктер

revisor

механичар

mecànic

капетан

capità

зубар

dentista

научник

científic

раби

rabí

имам

imam

монах

monjo

свећеник

capellà

алати
eines

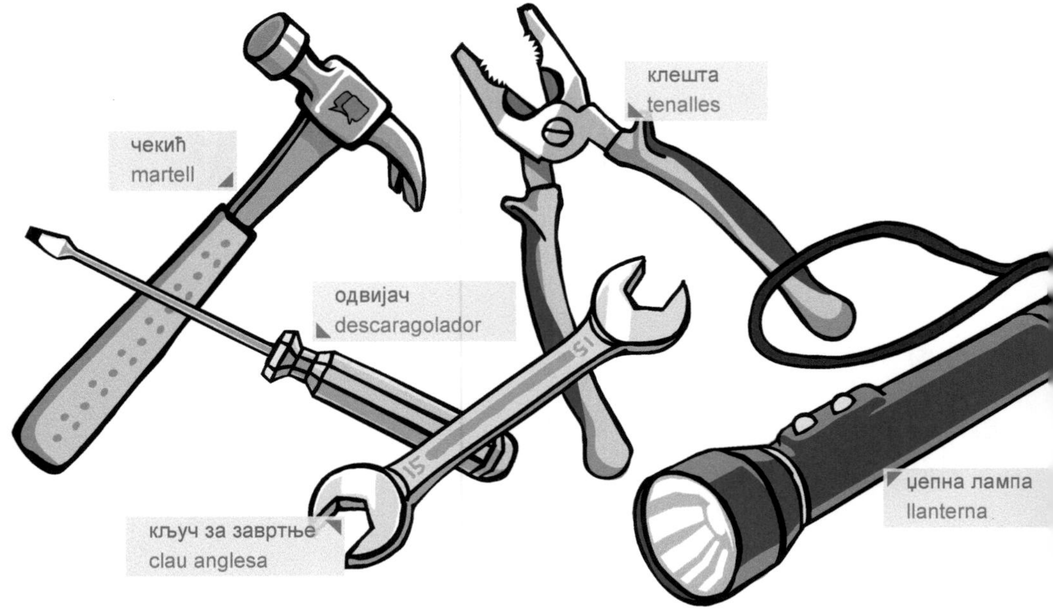

чекић
martell
клешта
tenalles
одвијач
descaragolador
ђепна лампа
llanterna
кључ за завртње
clau anglesa

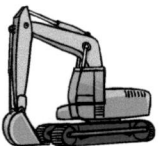

багер
excavadora

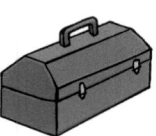

кутија за алат
caixa d'eines

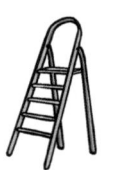

мердевине
escala

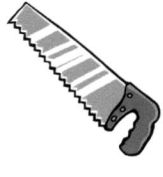

пила
serra

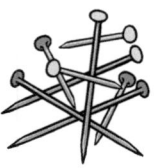

ексер
claus

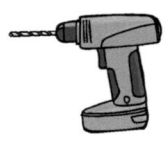

бушилица
trepant

поправити

reparar

лопата

pala

до ђавола!

Maleït siga!

лопатица

pala

лонац за боју

pot de pintura

завртањи

caragols

музички инструмент
instrument de música

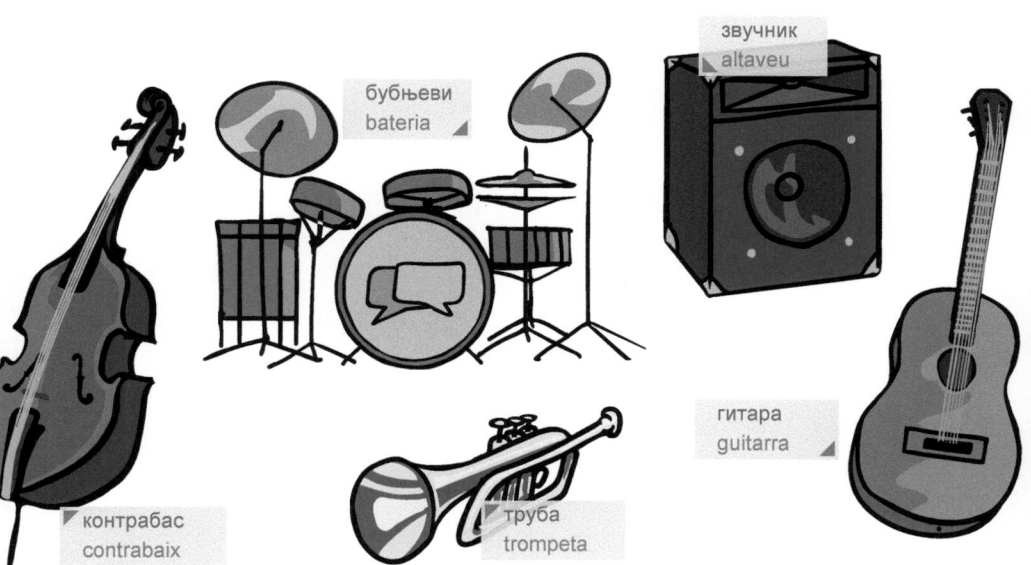

звучник
altaveu

бубњеви
bateria

контрабас
contrabaix

труба
trompeta

гитара
guitarra

клавир

piano

виолина

violí

бас

baix

тимпани

timbal

удараљке за бубњеве

tambor

типке клавира

teclat

саксофон

saxofon

флаута

flauta

микрофон

micròfon

тигар
tigre

улаз
entrada

кавез
gàbia

зебра
zebra

храна за животиње
aliment per a animals

панда
ós panda

животиње

animals

слон

elefant

кенгур

cangurú

носорог

rinoceront

горила

goril·la

медвед

ós

камила

camell

нoj

estruç

лав

lleó

мajмун

simi

фламинго

flamenc

папагаj

papagai

поларни медвед

ós polar

пингвин

pingüí

аjкула

ca mari

паун

paó

змиjа

serp

крокодил

cocodril

чувар у зоолошком врту

guardià del zoo

туљан

foca

jагуар

jaguar

пони

poni

леопард

lleopard

нилски коњ

hipopòtam

жирафа

girafa

орао

àliga

дивља свиња

senglar

риба

peix

корњача

tortuga

морж

morsa

лисица

guineu

газела

gasela

спорт
esports

амерички ногомет
futbol americà

бициклизам
ciclisme

тенис
tenis

кошарка
bàsquet

пливање
natació

бокс
boxa

хокеј на леду
hoquei sobre gel

фудбал

futbol americà

бадминтон

bàdminton

атлетика

atletisme

рукомет

handbol

скијање

esquí

поло

polo

активности
activitats

скочити
saltar
загрлити
abraçar
смејати се
riure
ићи
anar
певати
cantar
сањати
somiar
молити се
pregar
пољубити
fer un petó

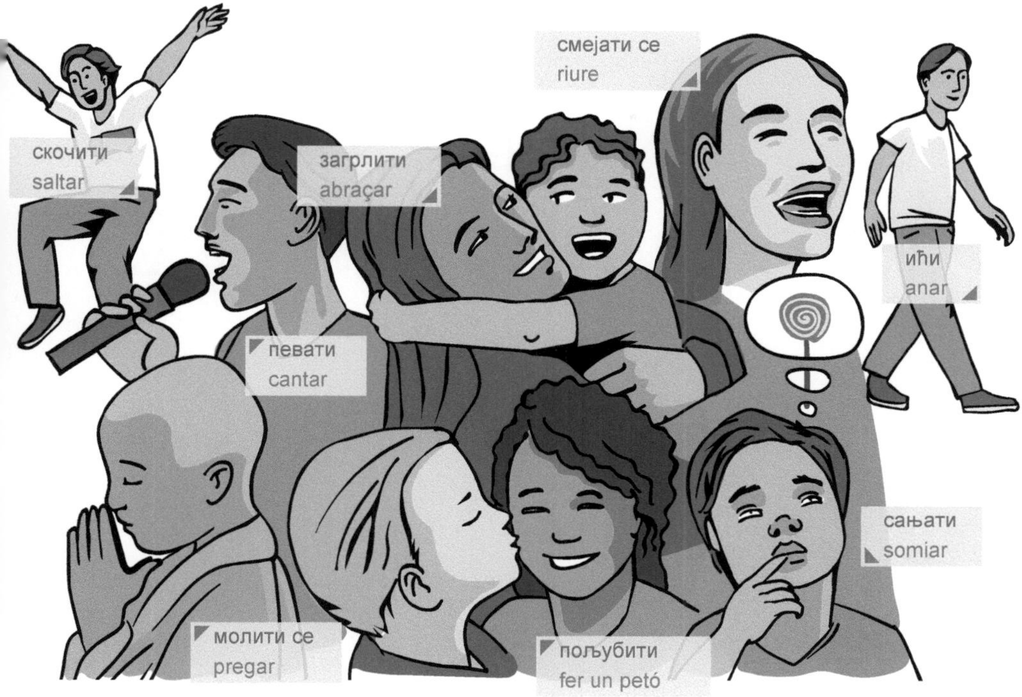

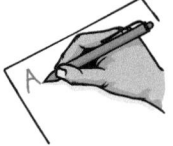

писати

escriure

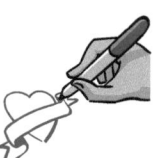

цртати

dibuixar

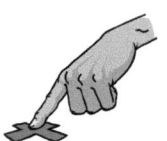

показати

mostrar

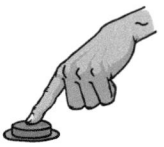

гурати

pitjar

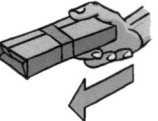

дати

donar

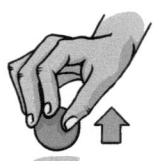

узети

prendre

имати

tenir

чинити

fer

бити

ésser

стојати

estar dret

трчати

córrer

повлачити

estirar

бацити

llançar

падати

caure

лежати

jeure

чекати

esperar

носити

portar

седити

asseure's

облачити

vestir-se

спавати

dormir

пробудити се

despertar-se

гледати

mirar

плакати

plorar

миловати

amoixar

чешљати

pentinar

говорити

parlar

разумети

comprendre

питати

demanar

слушати

escoltar

пити

beure

јести

menjar

поспремити

endreçar

волети

estimar

кухати

cuinar

возити

conduir

летети

volar

пловити

navegar

рачунати

calcular

читати

llegir

учити

aprendre

радити

treballar

венчати се

casar-se

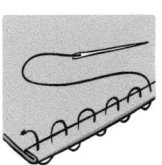

шити

cosir

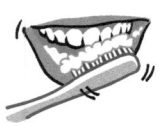

прати зубе

raspallar-se les dents

убити

matar

пушити

fumar

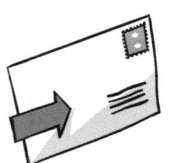

послати

enviar

бака
àvia

деда
avi

отац
pare

мајка
mare

беба
nadó

кћерка
filla

син
fill

гост

convidat

тетка

tia

ујак, стриц

oncle

брат

germà

сестра

germana

тело

cos

чело
front
око
ull
раме
espatlla
прст
dit
лице
cara
брада
barbeta
рука
mà
нога
cama
груди
pit
рука
braç

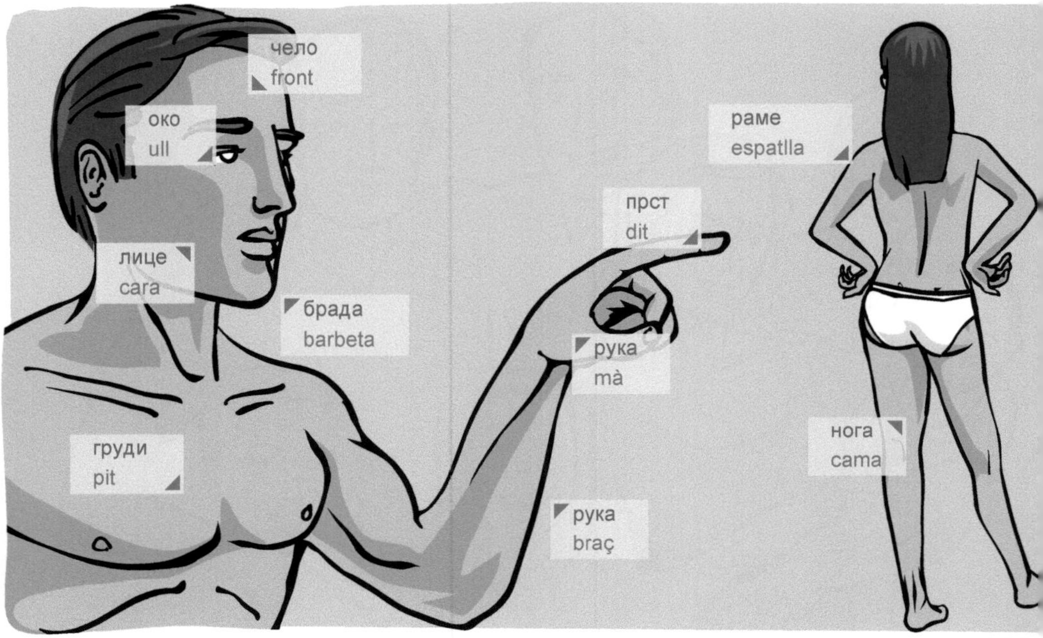

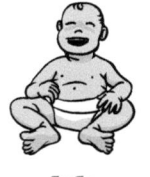

беба

nadó

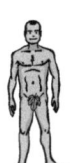

мушкарац

home

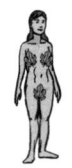

жена

dona

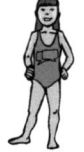

девојчица

noia

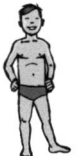

дечак

noi

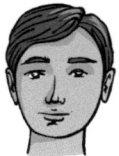

глава

cap

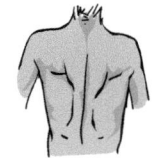

леђа

esquena

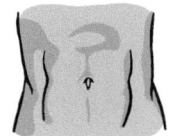

стомак

panxa

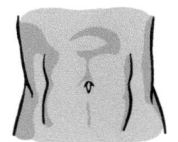

пупак

melic

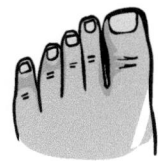

ножни прст

dit gros del peu

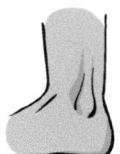

пета

taló

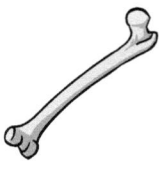

кост

os

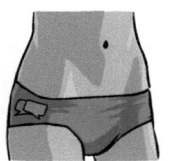

кукови

maluc

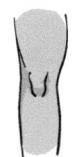

колено

genoll

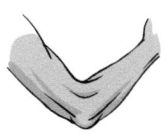

лакат

colze

нос

nas

задњица

cul

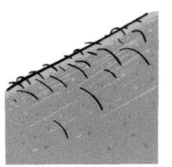

кожа

pell

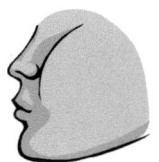

образ

galta

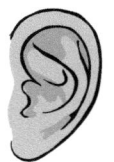

уво

orella

усна

llavi

уста

boca

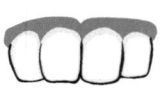

зуб

dent

језик

llengua

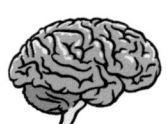

мозак

cervell

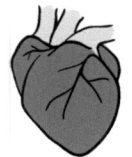

срце

cor

мишић

múscul

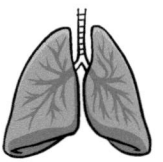

плућа

pulmó

јетра

fetge

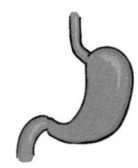

желудац

estómac

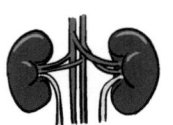

бубрези

ronyó

полни однос

relació sexual

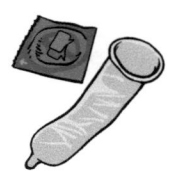

кондом

preservatiu

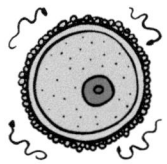

јајна ћелија

ovari

сперма

semen

трудноћа

prenyat

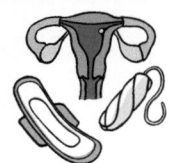

менструација

menstruació

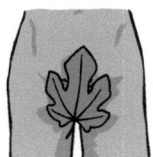

вагина

vagina

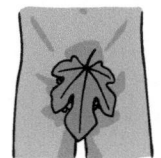

пенис

penis

обрва

cella

коса

cabells

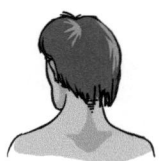

врат

coll

болница

hospital

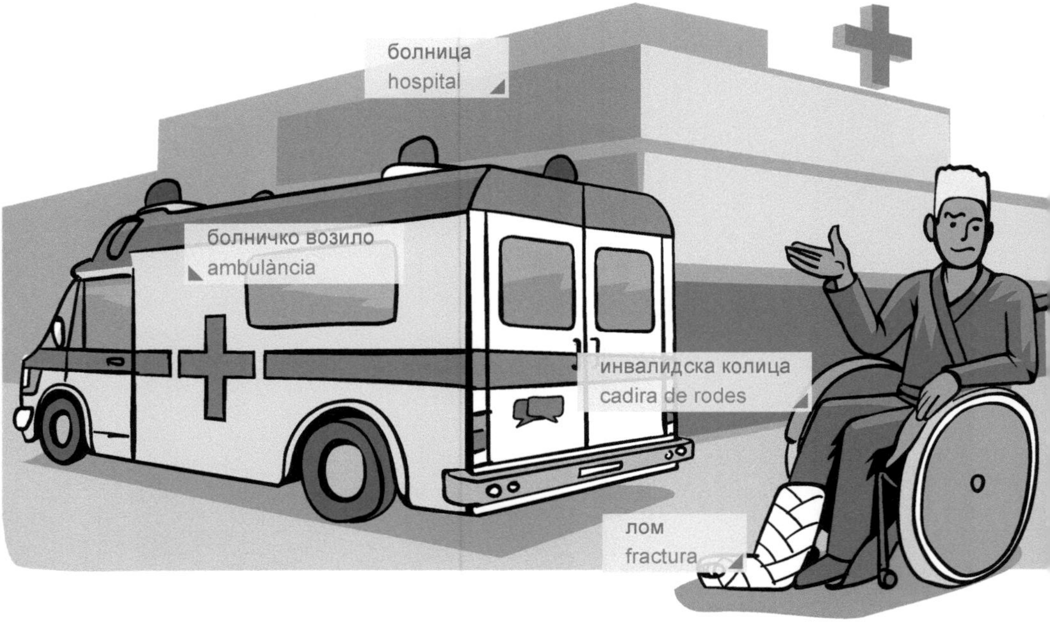

болница
hospital
болничко возило
ambulància
инвалидска колица
cadira de rodes
лом
fractura

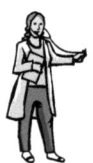

лекар

doctora

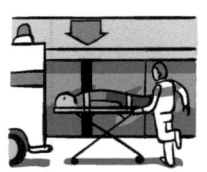

хитна медицинска служба

sala d'urgències

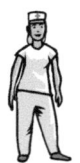

медицинска сестра

infermera

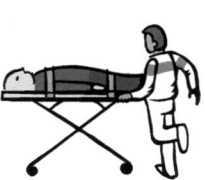

хитни случај

urgència

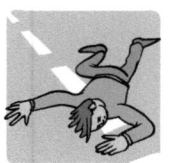

несвест

inconscient

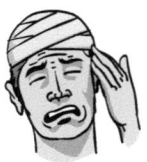

бол

dolor

повреда

ferida

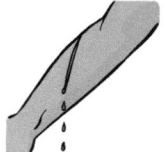

крварење

sagnament

срчани удар

atac de cor

удар

apoplexia

алергија

al·lèrgia

кашаљ

tos

грозница

febre

грипа

gripa

пролив

diarrea

главобоља

mal de cap

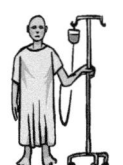

рак

càncer

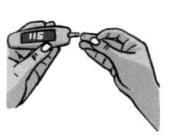

дијабетес

diabetis

хирург

cirurgià

скалпел

escalpel

операција

operació

болница - hospital

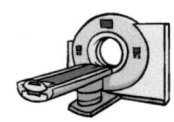

цт

tomografia computada (TC),
TAC

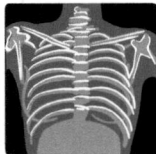

рентген

raigs x

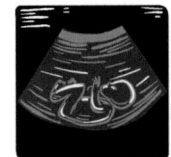

ултразвук

ultrasò

маска

mascareta

болест

malaltia

чекаона

sala d'espera

штака

crossa

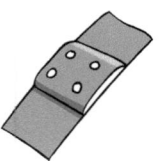

фластер

tireta

завој

embenat

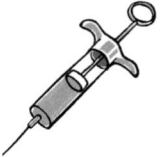

ињекција

injecció

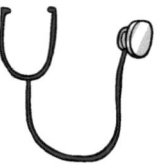

стетоскоп

estetoscopi

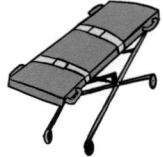

носила

llitera

термометар

termòmetre clínic

рођење

pariment

прекомерна тежина

sobrepès

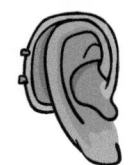

слушни апарат

aparell auditiu

средство за дезинфекцију

desinfectant

инфекција

infecció

вирус

virus

хив / аидс

VIH / SIDA

медицина

medicina

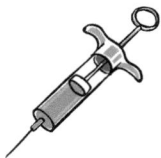

вакцинација

vaccí

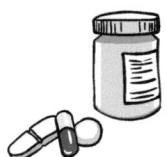

таблете

comprimits

пилула

píl·lola

хитни позив

trucada d'urgència

уређај за мерење
притиска
tensiòmetre

болесно / здраво

malalt / sà

помоћ!

Socors!

аларм

alarma

насртај

assalt

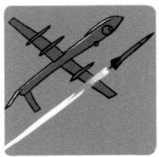

напад

atac

опасност

perill

излаз у случају нужде

sortida-eixida d'urgència

пожар!

Foc!

противпожарни апарат

extintor

незгода

accident

кутија прве помоћи

farmaciola de primers
auxilis

сос

SOS

полиција

policia

Европа

Europa

Северна Америка

Amèrica del Nord

Јужна Америка

Amèrica del Sud

Африка

Àfrica

Азија

Àsia

Аустралија

Austràlia

Атлантик

Atlàntic

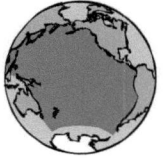

Пацифик

Pacífic

Индијски океан

Oceà Índic

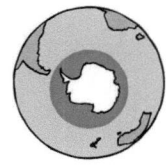

Антарктички океан

Oceà Antàrtic

Арктички океан

Oceà Àrtic

Северни рол

pol nord

Јужни рол

pol sud

Антарктик

Antàrtida

земља

terra

земља

país

море

mar

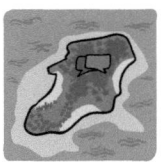

оток

illa

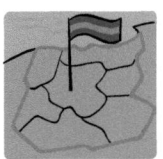

нација

nació

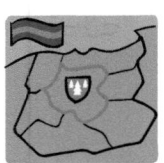

држава

estat

бројчаник сата

quadrant

сатна казаљка

agulla de les hores

минутна казаљка

agulla dels minuts

секундна казаљка

agulla dels segons

Колико је сати?

Quina hora és?

дан

dia

време

temps

сада

ara

дигитални сат

rellotge digital

минута

minut

час

hora

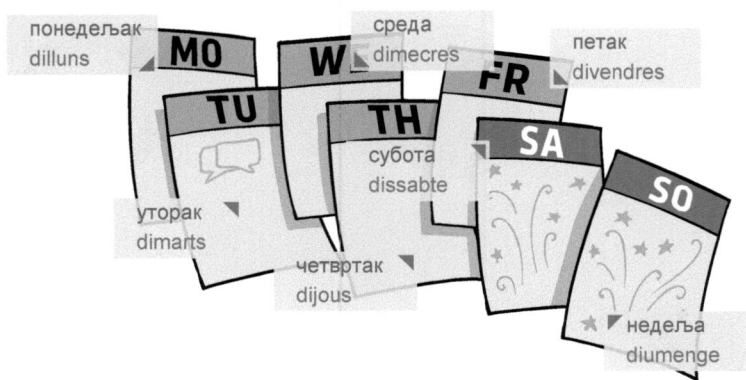

понедељак
dilluns

среда
dimecres

петак
divendres

уторак
dimarts

четвртак
dijous

субота
dissabte

недеља
diumenge

jуче

ahir

данас

avui

сутра

demà

jутро

matí

подне

migdia

вече

tarda

MO	TU	WE	TH	FR	SA	SU
1	2	3	4	5	6	7
8	9	10	11	12	13	14
15	16	17	18	19	20	21
22	23	24	25	26	27	28
29	30	31	1	2	3	4

радни дани

dia feiner

MO	TU	WE	TH	FR	SA	SU
1	2	3	4	5	6	7
8	9	10	11	12	13	14
15	16	17	18	19	20	21
22	23	24	25	26	27	28
29	30	31	1	2	3	4

викенд

cap de setmana

година

any

киша
pluja
дуга
arc de Sant Martí
ветар
vent
снег
neu
пролеће
primavera
лето
estiu
јесен
tardor
зима
hivern

4.APRIL 11°
5.APRIL 4°
6.APRIL 13°
7.APRIL 8°
8.APRIL 10°

етеоролошка прогноза

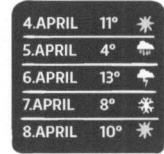

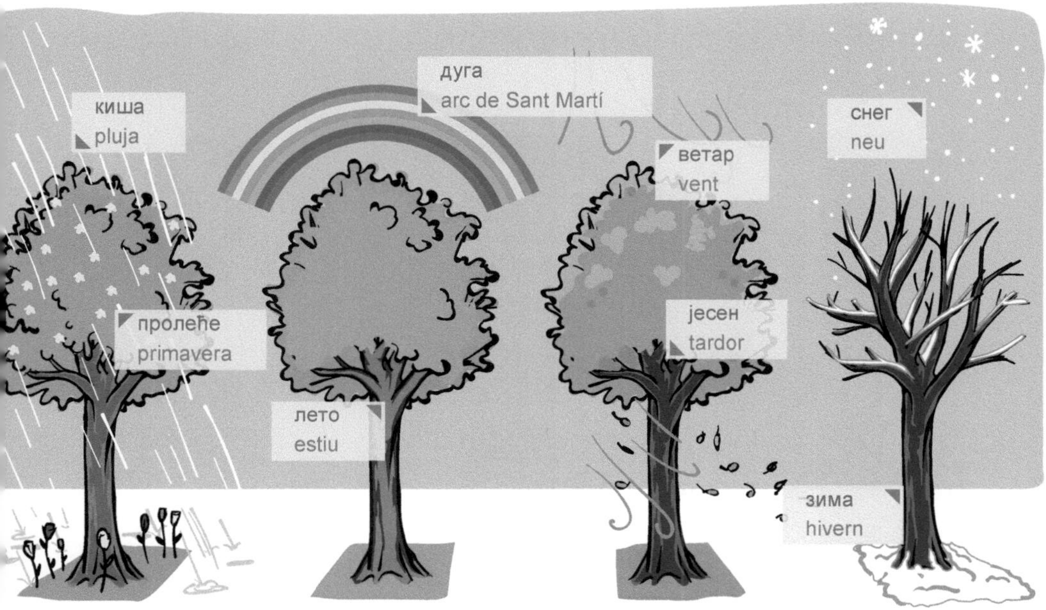

pronòstic del temps

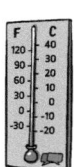

термометар

termòmetre

сунчана светлост

llum del sol

облак

núvol

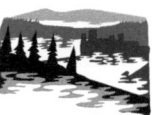

магла

boira

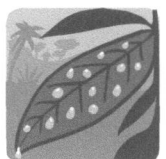

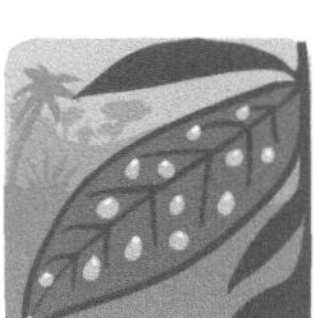

влажност ваздуха

humiditat de l'aire

муња

llamp

грмљавина

tro

олуја

tempesta

туча

calamarsa

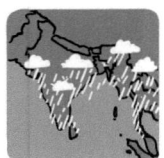

монсун

monsó

поплава

inundació

лед

gel

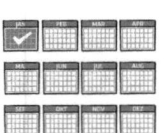

јануар

gener

фебруар

febrer

март

març

април

abril

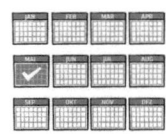

мај

maig

јуни

juny

јули

juliol

август

agost

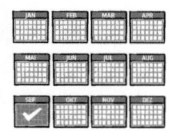

септембар

setembre

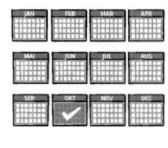

октобар

octubre

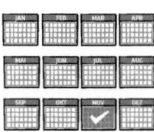

новембар

novembre

децембар

desembre

облици
formes

круг

cercle

квадрат

quadrat

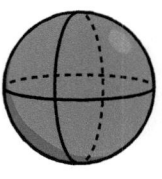

правоугао

rectangle

троугао

triangle

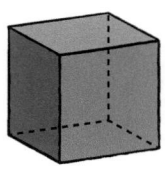

кугла

esfera

коцка

cub

бела

blanc

жута

groc

наранџаста

taronja

ружичаста

rosa

црвена

vermell

љубичаста

lila

плава

blau

зелена

verd

смеђа

marró

сива

gris

црна

negre

много / мало

molt / poc

љутито / мирно

emprenyat / tranquil

лепо / ружно

bonic / lleig

почетак / крај

començament / fi

велико / малено

gran / petit

светло / тамно

clar / fosc

брат / сестра

germà / germana

чисто / прљаво

net / brut

потпуно / непотпуно

complet / incomplet

дан / ноћ

dia / nit

мртво / живо

mort / viu

широко / уско

ample / estret

јестиво / нејестиво

comestible / immenjable

зло / добро

dolent / amable

узбуђено / досадно

entusiasmat / entediat

дебело / мршаво

gros / prim

на почетку / на крају

primer / darrer

пријатељ / непријатељ

amic / enemic

пуно / празно

ple / buit

тврдо / мекано

dur / tou

тешко / лагано

pesant / lleuger

глад / жеђ

gana / set

болесно / здраво

malalt / sà

илегално / легално

il·legal / legal

паметно / глупо

intel·ligent / ximple

лево / десно

esquerra / dreta

близу / далеко

prop / llunyà

ново / половно

nou / usat

ништа / нешто

res / quelcom

старо / младо

vell / jove

укључено / искључено

encès / apagat

отворено / затворено

obert / tancat

тихо / гласно

silenciós / sorollós

богато / сиромашно

ric / pobre

тачно / погрешно

correcte / incorrecte

храпаво / глатко

aspre / suau

тужно / сретно

trist / content

кратко / дуго

curt / llarg

полако / брзо

lent / ràpid

мокро / сухо

humit / sec - eixut

топло / хладно

calent / fred

рат / мир

guerra / pau

0

нула

zero

1

један

u

2

два

dos

3

три

tres

4

четири

quatre

5

пет

cinc

6

шест

sis

7

седам

set

8

осам

vuit

9

девет

nou

10

десет

deu

11

једанаест

onze

12	**13**	**14**
дванаест	тринаест	четрнаест
dotze	tretze	catorze
15	**16**	**17**
петнаест	шестнаест	седамнаест
quinze	setze	disset
18	**19**	**20**
осамнаест	деветнаест	двадесет
divuit	dinou	vint
100	**1.000**	**1.000.000**
стотину	хиљаду	милион
cent	mil	milió

енглески

anglès

амерички енглески

anglès americà

мандарински кинески

xinès mandarí

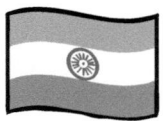

хиндски

hindi

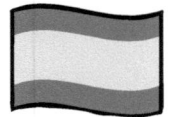

шпански

espanyol

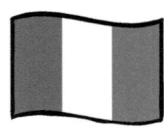

француски

francès

арапски

àrab

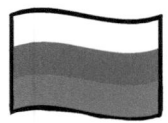

руски

rus

португалски

portuguès

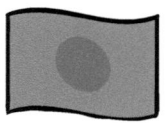

бенгалски

bengalí

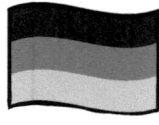

немачки

alemany

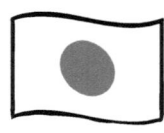

јапански

japonès

ја
jo

ти
tu

он / она / оно
ell / ella / allò

ми
nosaltres

ви
vosaltres

они
ells

Ко?
qui?

Шта?
què?

Како?
com?

Где?
on?

Када?
quan?

име
nom

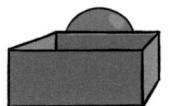

иза

darrere

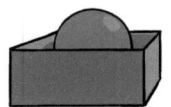

у

en

испред

davant de

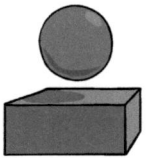

преко

damunt

на

sobre

испод

sota

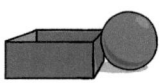

поред

al costat

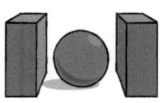

између

entre

место

lloc